un mundo en imágenes

1.000 primeras palabras

la familia

hijo

madre

bebé

padre

hija

niños

hermano

hermana

abuela

nieta

nieto

abuelo

mujer

hombre

nuestro **cuerpo**

cabeza

boca

lengua

nariz

ojo

dientes

cuello

orejas

espalda

tripa

hombros

ombligo

brazo

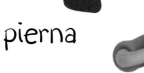

pierna

mano

dedos

pie

rodilla

culo

codo

3

pantalón

chubasquero

chándal

falda

camisa

peto

jersey

pijama

chaquetón

pantalón corto

bikini

bañador

vestido

chaqueta

camiseta

bermudas

chaleco

delantal

cazadora

gafas

zapatillas

calzoncillos

bragas

gafas de sol

gorra

gorro

guantes

calcetines

bufanda

corbata

babero

cinturón

pañal

sombrero

sombrero de copa

delantal

sandalias

leotardos

patucos

zapatos

botas

botas de agua

en mi habitación

mesilla

litera

escalera

armario

despertador

flexo

póster

estantería

hucha

perchero

lámpara

bolso de viaje

cajonera

cajón

cama

percha

colchón

almohada

estor

edredón

muñeca

osito de peluche

cesta de juguetes

peonza

parchís

dado

fichas

comba

guitarra

flauta

barquito de juguete

balón

pelota

coche de bebé

triciclo

patinete

cometa

patines

bicicleta

en el baño

lavabo

bañera

bidé

toallitas húmedas

toalla

jabón

inodoro

toallero

ducha

peine

cepillo

colonia

dentífrico

cepillos de dientes

jabonera

gel de ducha

esponja

champú

orinal

papel higiénico

escobilla

secador
de pelo

cesto
de ropa

espejo

grifo

botiquín

alfombrilla

brocha
de afeitar

albornoz

pantuflas

báscula

crema

frasco

argollas
de cortina

patito

maquinilla
de afeitar

focos

neceser

baldosas

azulejos

9

fregadero

mortero

cazuelas

sartén

horno

manopla

frigorífico

paleta

espumadera

encimera

cucharón

cepillo
de barrer

freidora

lavadora

tostadora

panera

cuenco

recogedor

tabla de
planchar

plancha

cubo de basura

extractor

lavavajillas

microondas

rallador

cubo y fregona

batidora

papel de cocina

tetera

aceitera

escurridor

cafetera

cuchara de palo

paño de cocima

cuchillo de cocina

bandeja de ropa limpia

batidor

detergente

suavizante

cazo

colador

11

en el comedor

servilleta

mantel

trona

mesa

cuchara

tenedor

cubiertos

lazo

silla

taquillón

ensaladera

fuente

jarra

sopera

salsera

frutero

azucarero

platos

taza

candelabro

vaso

bandeja

florero

biberón

12

alfombra

aparador

televisor

vídeo

trofeo

sillón

lámpara de pie

cintas de casete

reposapiés

cadena musical

cesto de lanas

cojín

mecedora

mesa de centro

sofá

chimenea

cuadro

reloj de pared

ajedrez

perchero

en la casa

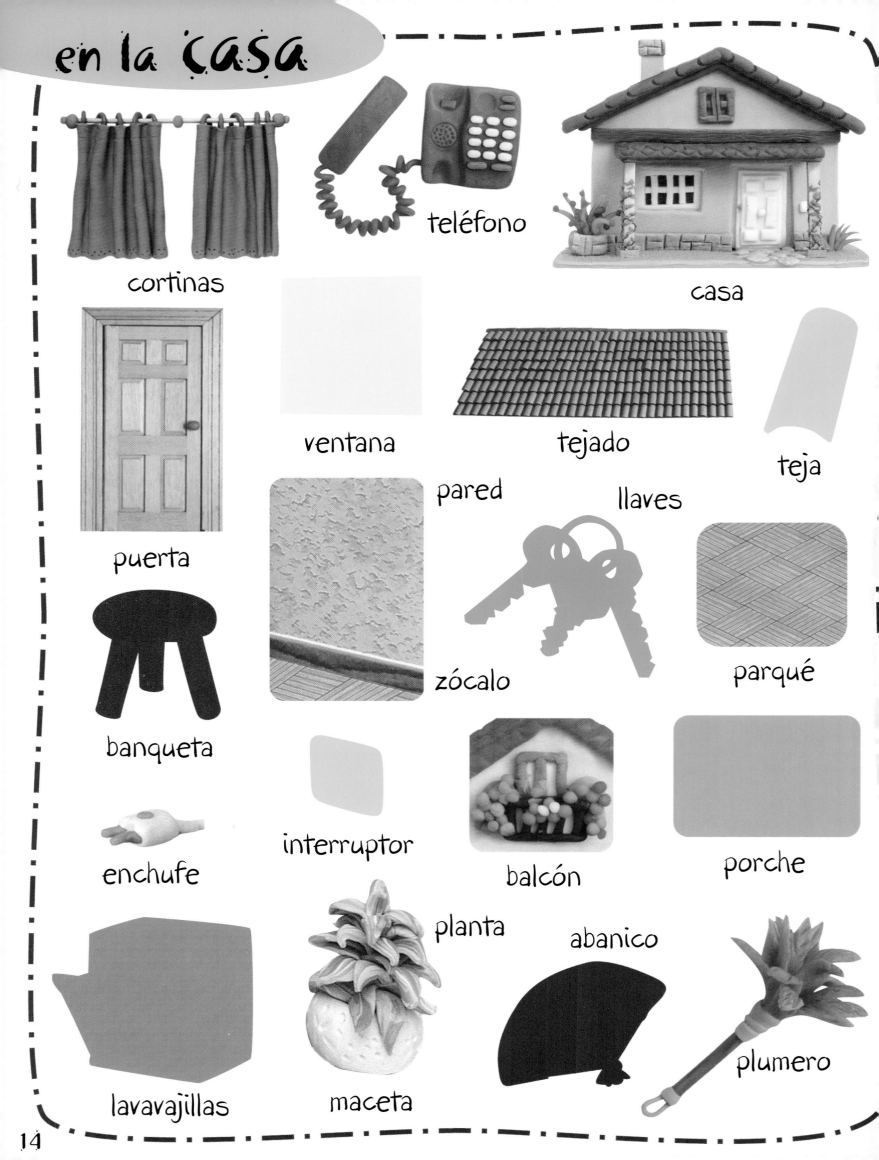

cortinas

teléfono

casa

puerta

ventana

tejado

teja

pared

llaves

banqueta

zócalo

parqué

enchufe

interruptor

balcón

porche

planta

abanico

lavavajillas

maceta

plumero

peatón

acera

edificio

pastelería

señal de tráfico

paso de cebra

calzada

librería

floristería

escaparate

farmacia

rotonda

autobús

fruteria

semáforo

automóvil

farola

neumático

parachoques

matrícula

retrovisor

jardín

leña

carretilla

plantador

gusano

regadera

hacha

barbacoa

flor

pájaros

mariposa

mariquita

tiesto

cortacésped

hoja

porta manguera

farol

piedra

manguera

seto

pastelería

librería

frutería

señal de tráfico

rotonda

escaparate

leña

gusano

plantador

flor

mariquita

hoja

farol

pala

hacha

tambor

seto

piedra

enredadera

raquetas

caballito balancín

cerca

avión

carretera

monumento

banco

balancín

barco

moto

mantel

mesa

lazo

jarra

platos

cuchara

taza

reloj de pared

ensaladera

vídeo

zucarero

trofeo

biberón

candelabro

reposapiés

cadena musical

sofá

interruptor

ajedrez

aparador

lavadora

cuadro

porche

banqueta

ventana

abanico

neumático

retrovisor

autobús

teja

llaves

estantería

cesta de juguetes

edredón

hucha

escobilla

jabonera

lavabo

pantuflas

azulejos

barquito de juguete

extractor

batidora

cuchillo de cocina

rallador

paño de cocina

microondas

cafetera

aceitera

suavizante

colador

horno

paleta

mortero

recogedor

panera

manopla

cuchar ón

plancha

freidora

embalaje

garrafa

toldo

botijo

bolsa de compra

tinaja

palmeras

taxi

carrito

ristra de ajos

pan

magdalenas

coche de policía

bizcochos

pan de molde

furgoneta

remolacha

puerro

patatas

piña

tractor

dinero

calabacín

melón

zanahoria

tren

coliflor

limones

plátano

fresa

mejillones

seta

chuletas

huevos

arroz

sardina

patatas fritas

leche

vinagre

té

panceta

ensalada

morcilla

churros

chocolate

cacao

globo

regalos

vela de cumpleaños

cámara de fotos

pajita

hamburguesa

hijo

bebé

hija

aperitivo

padre

madre

abuelo

abuela

teclado

naranjada

río

olas

ciudad

mar

desierto

sendero

flores

piedras

volcán

día

rayo

nieve

viento

frío

cuadrado

esfera

otoño

verano

pañal

sandalias

cuaderno

acuarelas

agenda

sacapuntas

pizarra

estuche

colchoneta

papelera
de clase

lápices de colores

regla

caballete

ratón

mochila

archivadores

silla giratoria

flauta

calculadora

cesto de revistas

amarillo

rosa

rectángulo

naranja

rombo

triángulo

boca

dientes

nariz

orejas

hombros

brazo

pie

pierna

codo

bañador

jersey

chubasquero

pantalón corto

falda

camiseta

chaleco

botas de agua

sombrero de copa

cazadora

vestido

calzoncillos

gafas de sol

gorra

babero

calcetines

camisa

zapatos

azul

Neptuno

satélite artificial

Marte

meteorito

Mercurio

Júpiter

planeta

Saturno

nave espacial

Luna

cochiquera

hoz

hacha

cencerros

pala de grano

pollo

espantapájaros

gallo

ternero

pato

poni

ratón

oveja

caballo

pavo

carnero

nidal

paca

yugo

mangosta

correcaminos

dromedario

monstruo de Gila

ortega

avestruz

órix

casuario

leopardo

perrillo de las praderas

serpiente de cascabel

destornillador

correr

tocar

llorar

reír

sentarse

bailar

andar

serrucho

leer

brocha

hablar

jugar

comer

gatear

tenaza

pala

estudiar

llana

espátula

brocha

llave de cruz

cámara

pintar

filmar

regalar

alimentar

ladrar

volar

¡GUAU!

escalera

guitarra

patines

balón

muñeca

flexo

lámpara

dado

jabón

cajonera

mesilla

percha

peonza

almohada

bidé

toallitas húmedas

triciclo

colonia

peine

alfombrilla

cesta de la ropa

orinal

dentífrico

crema

patito

neceser

frasco

grifo

noche

redondo

encendida / apagada

lleno

dulce

grande

viejo

blando

mandarino

pesado

cerezo

caliente / frío

clavo

cartulinas

lubricante

leñador

guarda forestal

herrero

mecánico

panadero

huevera

margaritas

zarzamora

fresal

nido

arándanos

naranjo

asteroide

molino

ciruela

cercado

kiwi

vellón

pera

balancín

tobogán

fuente

caballito balancín

columpio

monumento

tótem

raquetas

banco

papelera

pala

arena

árbol

cerca

cubo

tambor

poyo

escoba de jardín

enredadera

arbusto

vehículos

taxi

helicóptero

avión

ambulancia

coche de bomberos

barco

coche de policía

furgoneta

barca

camión

patinete

tractor

grúa

submarino

carreta

moto

globo

tren

pesa

balanza

embalaje

verduras

dinero

monedero

bolsa
de compra

frutas

carrito

saco

botijo

alforjas

ristra
de ajos

toldo

remolque

garrafa

vendedor

puesto

tinaja

pan

ensaimadas

palmeras

pastel

pastas

galletas

magdalenas

bizcochos

cruasán

pan de molde

hogaza

ajo

cebolla

puerro

guisantes

patatas

acelga

berenjena

remolacha

calabacín

coliflor

alcachofas

rábanos

espárragos

pimiento

zanahoria

tomate

melón

aguacate

maíz

limón

sandía

piña

fresa

cerezas

uvas

plátanos

melocotón

leche

mantequilla

naranja

manzana

seta

pescado

quesos

huevos

ostras

mejillones

gambas

carne

sardina

salmón

chuletas

pollo

21

la comida

aceite

vinagre

espaguetis

arroz

guindillas

patatas fritas

palomitas

ensalada

cereales

café

cacao

mermelada

té

chocolate

bombones

churros

chorizo

sidra

zumos

flan

morcilla

salchichón

panceta

salchichas

tarta

globo

vídeo cámara

cámara de fotos

cadeneta

payaso

sándwiches

regalos

hamburguesa

piruleta

pajita

agua

naranjada

limonada

vela de cumpleaños

caramelo

gorros de cumpleaños

aperitivos

disfraz

teclado

lápiz

sacapuntas

cuaderno

espátulas

maestra   alumno   cartulinas

estuche

tijeras

plastilinas

globo
terráqueo   papelera
de clase

pegamento

piezas de
arquitectura   acuarelas   mochila   lápices de
colores

pizarra   pinceles   portalápices

colchoneta

rotulador

agenda

bolígrafo

regla

disco
compacto

caballete

óleos

paleta
de pintor

ratón

ordenador

archivadores

tablón de anuncios

calculadora

cesto de
revistas

silla
giratoria

bloc

radio

flauta

mesa de estudio

las estaciones

primavera

verano

otoño

invierno

lluvia

rayo

nubes

nieve

viento

arco iris

frío

calor

río

montaña

ciudad

pueblo

isla

olas

lago

mar

desierto

árbol

flores

bosque

arbusto

sendero

carretera

piedras

volcán

fuego

día

noche

en el taller

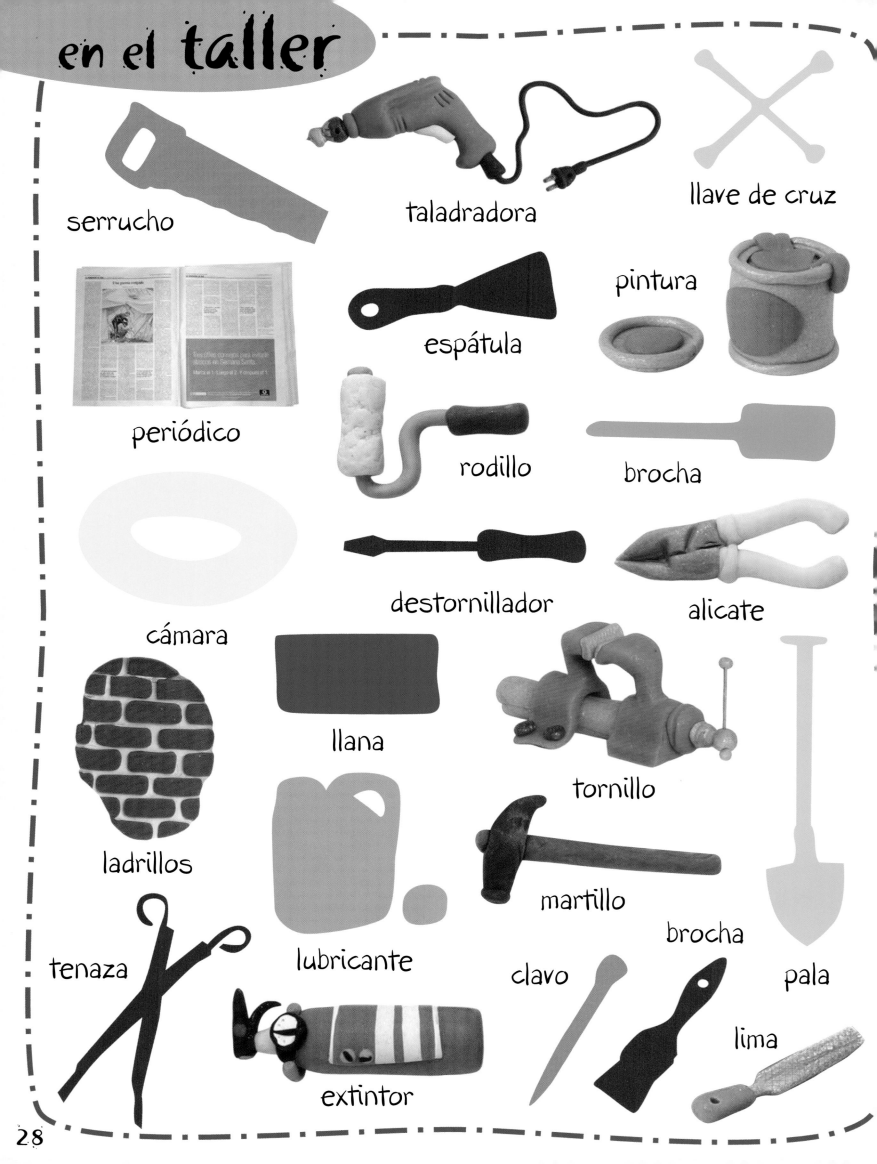

serrucho

taladradora

llave de cruz

periódico

espátula

pintura

rodillo

brocha

cámara

destornillador

alicate

ladrillos

llana

tornillo

tenaza

lubricante

martillo

clavo

brocha

pala

extintor

lima

granjera

albañil

leñador

pastor

guarda forestal

hortelano

mecánico

lechera

herrero

esquilador

panadero

pintor

29

colores y formas

negro

rosa

blanco

amarillo

rojo

azul

verde

naranja

malva

marrón

triángulo

círculo

cuadrado

rectángulo

óvalo

esfera

cubo

rombo

cono

nave espacial

satélite

planeta

cometa

astronauta

Plutón

Mercurio

Neptuno

Luna

Venus

Urano

Júpiter

Saturno

meteorito

Tierra

estrellas

asteroide

Sol

satélite artificial

Marte

en el campo

peral

zarzamora

cerezo

manzano

melonar

limonar

naranjo

arándanos

ciruelo

mandarino

albaricoquero

melocotonero

vid

fresal

invernadero

margaritas

arcón de abono

kiwi

pozo

nido

lechuga

zurrón

ciruela

olivas

pera

repollo

mayal

molino

granero

cercado

tijeras de esquilar

vellón

en la granja

valla

cochiquera

pajar

espantapájaros

pilón

cencerros

granjero

malla metálica

nidal

tolva

hacha

grano

paca

gavilla

pala de grano

guadaña

hoz

rebaño

pastor

yugo

ocas

pollo

gallina

gallo

burro

pavo

ratón

liebre

cordero

oveja

carnero

abeja

yegua

caballo

cabra

cisne

cerdo

potro

pato

vaca

ternero

toro

35

canario

conejo

dálmata

loro

gato siamés

tortuga

poni

gato

perro

caracol

peces de
colores

rana

lechón

ratoncitos

perro pastor

gusano

ciervo

erizo

topo

salamandra

escarabajo

musaraña

búho

alce

castor

martín pescador

mofeta

ardilla

hormiga

urraca

mapache

águila calva

oso

carbonero

culebra

zorro

saltamontes

animales de la selva

tigre

jaguar

gavial

colibrí

guacamayo

lémur

anaconda

tucán

perezoso

koala

quetzal

aye aye

gibón

macaco

tapir malayo

panda gigante

nasalis

ardilla
voladora

orangután

ballena azul

orca

delfín

atún

morena

beluga

tiburón

rodaballo

narval

caballito
de mar

pez lanceta

charrán

pez mariposa

estrella
de mar

pez payaso

coral

morsa

oso
polar

foca

pingüino real

mangosta

fénec

jerbo

dromedario

armadillo

ortega

órix

escorpión

correcaminos

perrillo
de las
praderas

avestruz

serpiente
de coral

diablo de
Tasmania

coyote

monstruo
de Gila

equidna

basilisco

serpiente de
cascabel

ornitorrinco

casuario

canguro

cocodrilo

pelícano

camaleón

jirafa

flamenco

león

cigüeña

guepardo

garza

buitre

leona

cobra

hipopótamo

leopardo

hiena

elefante

cebra

rinoceronte

gacela

chacal

ñu

boa

41

tocar

bajar

subir

pintar

sentarse

escribir

correr

llorar

saludar

reír

sonreír

leer

dormir

jugar

recortar

hablar

saltar

comer

bailar

beber

andar

patinar

43

acciones

estudiar

barrer

vender

alimentar

comprar

ladrar

¡GUAU!

gatear

filmar

fregar

44

cocinar

pintar

ordeñar

volar

trabajar

plantar

regalar

regar

45

los contrarios

día / noche

encima / debajo

redondo / cuadrado

lleno / vacío

grande / pequeño

encendida / apagada

dentro / fuera

dulce / salado

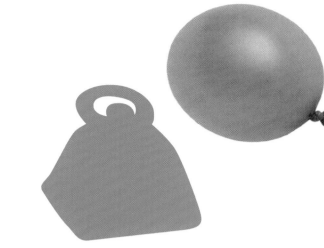

blando / duro

pesado / ligero

viejo / joven

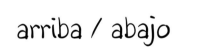

arriba / abajo

triste / alegre

caliente / frío

Índice

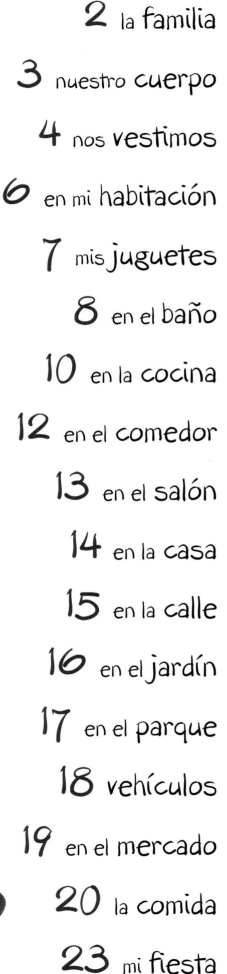